JN410215

아무리 잊으려 해도

아무리 잊으려 해도

초판인쇄 | 2017년 7월 25일 **초판발행** | 2017년 7월 30일
지은이 | 노유정 **주간** | 배재경 **펴낸이** | 배재도 **펴낸곳** | 도서출판 작가마을
등 록 | 2002년 8월 29일(제 2002-000012호)
주 소 | 부산광역시 중구 대청로 141번길 15-1 대륙빌딩 301호
T. 051)248-4145, 2598 F. 051)248-0723 E. seepoet@hanmail.net

국립중앙도서관 출판예정도서목록(CIP)

아무리 잊으려 해도 : 노유정 시집 / 지은이: 노유정. — 부산 : 작가마을, 2017
p. ; cm

ISBN 979-11-5606-075-8 03810 : ₩ 9000

한국 현대시[韓國現代詩]
811.7-KDC6
895.715-DDC23 CIP2017017294

부산문화재단
BUSAN CULTURAL FOUNDATION

본 도서는 부산광역시, 부산문화재단 지역문화예술특성화사업으로 지원을 받았습니다.

아무리 잊으려 해도

노유정 시집

▪▪▪ 자서

詩는 어느새 내 영혼을 지배하고 있습니다.
미국생활을 접고 고국으로 돌아와
제1집 ‘바람이어라’를 내고 4년 만에 다시
제2집 ‘아무리 잊으려 해도’ 제목을 소개하기까지
무한한 열정과 노력으로 문학 꽃을 피웠고
인내와 관용, 용서의 덕목도 배웠습니다.
이제부터 제 인생의 무지개인 시를 즐기며
정의로운 시의 나라를 건국해 나가겠습니다.
감사합니다.

2017년 여름

노유정

노유정 시집

• 차례

아무리 잊으려 해도

2부

3부

아무리 잊으려 해도

4부

5부

제1부

아무리 잊으려 해도

어찌 잊을까
이방인異邦人의 긴장이
허리띠 같이 조일 때 마다
의지意志의 꽃망울 피워내고 지우고
또 다시 피워내던
LA 옥스포드 그 꽃나무 풍경을
아직도 그는
이민자가 떠나온 아파트 정원에서꿈처럼 나누었던
우리 심연深淵의 대화 떠 올리는가
 그 기묘奇妙한 바람 속에서
그 기이奇異한 문화 속에서
하나인 숨결로 만나
죽어도 죽지 못하고 어떻게든 다시 살아
지구촌 그 먼 곳까지 뿌리내린 용기
 아무리 잊으려해도
지성知性의 꽃잎으로
타향살이 설움 보듬어주던
조국의 꽃 무궁화여라

백작의 성보다

그 곳을 백작의 화려한 성이라 하는 가 아메리카 사람들이 가장 환호하는 푸른 언덕 위에 크고 하얀 집 샌프란시스코로 떠나는 2층 기차 타면 바다가 얼굴 내민 그 곳 인생이 얼마만큼 행복할 수 있는지 오늘만 귀족동냥 하리라 대리석으로 화려하게 치장한 기둥과 바닥 천장과 벽의 현란 속살이 훤히 드러나는 수영장 물고기의 요염이 한몫 하는 커다란 연못 귀족들의 여유와 군림 느낀다 방마다 으리으리한 고가구의 진열 고급스런 식탁엔 쟝발장 이야기가 숨어 있는 은수저와 은촛대의 수려한 자태 커다란 박물관 옮겨온 듯 현란한 양탄자와 벽난로가 여과 없이 드러나는 백작 성의 모든 진실 아! 이런 것이 인생에게 어떤 만족일까 인형의 집에 갇힌 노라는 싫어 자유하게 쉼표 같은 여행이면 되지 미로 같이 두근대던 성의 환상이 허망하게 깨어지는 꿈 미국 캘리포니아가 제 아무리 아름다워도 고국산천 크기의 수십 배라도 내겐 그저 허무한 모래성 일 뿐 오직 덮어 오는 고향의 작은 집 상가의 간판과 길가의 이정표도 전하고픈 모든 말 거침없는 내 국어 태평양 건너로 나돌아 가리 어느 시인의 한처럼 응어리로 남기 전에 정녕 백작의 성보다 아름다운 내 조국 강산 흐드러진 찔레꽃도 뛰어 나와 반겨줄 그리운 고향 그 전설로

빅 베어 산장 호수Big Bear Lake*

그 푸르고
아름다운 호수湖水에
내 찌든 영혼靈魂 씻어낼 수 있다면

그 시리도록
애절한 호수에서
내 기다림 바쳐 해후邂逅 할 수 있다면

해발 7.000 피터 빅 베어 정상頂上
슬픈 하늘 전설傳說 담아
설산雪山 눈물이 영혼처럼 고여 우네

사랑의 애가哀歌로 울던 호수여
너는 아는 가
아직도 널 지우지 못하는 이유를

억만 연전부터 우주 비단 펼쳐놓고
잊지 못할 사랑에 상념 하는 나처럼
너도 그런 것인가
빅 베어 산장 호수여! 아아,

* 빅 베어 산장 호수: 로스앤젤레스의 북동쪽 샌버나디노(San Bernardino) 산맥에 있는 인공호수. 수면의 높이가 한라산보다 훨씬 높음. 해발 2,058m이다.

돌담집의 추억

아픈 어머니 두고
섬마을로 시집가는 딸
성당 옆 돌담 집에 신혼 꾸밀 때
눈비가 오나 섬 바람 불면
평생 딸 위한 어머니 걱정 하네
바다는 영혼의 그리움
유채꽃 향기에 안부 전하고
배 떠나고 비행기 뜨면
딸은 가야하네 어머니 곁으로

저 바다가 아무리 깊고
저 산이 암만 높아도
해후의 갈망 가두지 못하리
새벽마다 들리는 성당 종소리
딸아 내 딸아 에미 걱정 말라며
종이 울면 섬도 울고 바다도 우네
돌담 집 추억은 폐허가 되고
아, 딸은 어느새 어머니 나이

시詩

막연한 그를 시詩라 말하자
때로는 발그레한 과일 같고
또는 떨떠름한 생감 같은
은밀히 숨었다가 순간에 달아나며
새벽 종소리 같이 은은하게
영혼에 스며오는 그를
불멸의 고독으로
흰 눈 포근한 적막의 골짜기에도
응어리진 넋이 되어 찾아오는 그를

우주의 만찬晩餐

일상의 끄나풀 잠시 풀어 놓고
딸 해산解産 도우미 해주고 올 때

기내機內에서
40억년 역사 지닌 지구촌地球村 내려다보며
우주의 하루가 깊어간다

하늘에 드러누운 은하계의 별님
기억記憶의 저 편에서 내가 그토록 찾아 헤매던
영혼靈魂의 별은 어디 있을까
아, 이 위대한 우주 앞에 나는 어떤 존재인가

시베리아 설경의 산봉우리 케이크 보며
무아無我로 버무려진 구름요리 맛본다
이별의 포옹抱擁에도 감추었던 울음이
그제야 봇물 터진다

매일 이기利己로 무장한 내 영혼
우주의 만찬으로 허기虛飢 채울 때
잠시 내 존재存在의 자아自我 돌아보며
우주의 구름숲에 몸 감춘다

어머니와 들국화

가을이 되면
들국화로 피어나는 어머니
떠난 남편 못잊어 눈물 흩뿌린
그 오솔길로 어서 오세요
어린 딸 등에 업고 찾던 사찰 길
배고프다 딸 울면 들국화 꽂아주며
산 샘물로 목 축여 주던 어머니의 한
산길에 하나둘 돌탑 쌓으며
외어주던 불경도 임의 노래였고요
염주 알에 알알이 정성 담은 소원도
유복자 남매의 알 수 없는 미래도
당신 목에 박혀있던 큰 가시였지요
가을이 되면
불전의 기원처럼 피어나는 들국화
저 산길 들길마다
서럽게 피어있는 어머니의 염원을요

자키란다의 입술에

그 꽃이 보라 빛으로
변환할 때
나는 천사의 가운을 입고 서리라
가을바람 사이로 내가 가야 할 곳은
미지의
포말 바라보는 까닭이 된다
시인들은 노래하며 그 순한 향내에
넋 잃는다

이때 청정한 바람으로 꽃은
온 몸이 가로수 되어 발 적신다
화려함도
우아함도
조금씩 물든 이 맑은 색상이여!
자키란다* 입술에 내 오래된 이야기를 묻고
오늘 쉼 없이
이대로 그리움 잡고 싶다

*자키란다: 미국 캘리포니아㈜의 가로수 큰 나뭇가지가 흐드러지게 피는 보라색 꽃이 눈꽃처럼 아름답다.

잡초

잡초가 들꽃 피워 꽃향기 가득하니
나비도 찾아오고 이 아니 환희던가
벌들도
찾아와 주니
꽃잎 닮은 그리움

하늘의 구름들아 지나는 솔바람아
하찮은 들꽃에도 세상이 물드는데
우리는
무엇이 되어
삶의 향기 남길까

절망의 언덕에서도

어린 솔 몇 그루 머리에 이고 바닷가 절벽이 울고 있었지 얼음 같이 추웠던 지난날의 내 상처 일찍 아버지를 잃은 슬픔 어머니마저 보내야했던 암흑 친정의 어린 조카 두 명을 떠 안아야했던 신혼의 태풍 그 높은 파도와 싸웠던 지난날 파도는 매일 혹독한 매질로 절벽을 단련시켰어 그 안에 끄덕 않는 의지가 있었기에 그 버팀으로 살아낼 수 있었지 절망의 언덕에서도 푸른 솔들은 자랐고 계절마다 꽃도 피어 선물로 안겨 왔어 숱한 파도의 매질도 참을 수 있었던 것은 빛없는 바다 속 조개 안에서도 영롱한 진주가 커가고 있다는 거야 밤바다 같은 절망을 만나도 용기와 의지만 꺾이지 않는다면 진주 같은 희망도 캘 수 있어 그 보다 더 한 무엇이라도

조가비들의 웨딩마치

금빛 토해내는 바다 곁에서
토정비결 같은 내일을 걸고
갈매기의 야무진 꿈이 있었다

내 딸 한 명 조카 딸 두 명
똥 기저귀 갈아주며
어린 천사들과 뒹굴었던 13년 질곡
누가 누구 위한 저항이었나

파도에 밀려오는 추억
가버린 날의 회한
갈매기는 무엇이 그리 서러웠나
꽁꽁 언 겨울이 매질로 때려도
큰 꿈의 갈매기는 침묵 하였네

첫째는 천사 같은 나이팅게일
둘째는 삶의 모델 현모양처
셋째는 자랑스러운 군인의 아내

그 기나긴
그 겨울의 추위가 무얼 의미했는지
이제야 알 것 같아
금빛 동쪽에서 마악 들려오는
은빛 조가비의 훌륭한 웨딩마치를

청기와집

여름이 목침 베고 한가롭게 누웠을 때 부산 해운대구 고목으로 둘러싸인 공원 가까이 청기와 집이 있다 시인은 고목나무에 붙어 우는 매미소리 들으며 청기와 2층집에서 잠시 눈 옮겨본다 먼 산들이 신록으로 웃고 이웃이 한눈에 들어온다 좁은 2차선 도로가에는 청솔학원 있고 바른길종합병원과 장산약국, 비만클리닉도 있다 밀양돼지국밥집과 원조가야밀면집 강변자동차매매단지도 손님 기다리며 무척 친절하다 뒤쪽으로는 수영강이 흐르고 다리가 아름답기로 세계적인 광안대교를 지나면 많은 사람들의 추억조각 묻혀있는 광안리해수욕장과 해운대해수욕장 그 바다는 누구 기다리나 내 혼탁한 물도 향수에 떠밀려 LA 해변에서 이 맑은 수영강까지 와 돛 내렸다 눈뜨면 핸섬하게 생긴 고목의 가지가 춤추고 매미가 노래하는 청기와집 지구를 반 바퀴나 돌아와 쭉정이 같은 내 마음 푸른 옷 입혀 기름진 이곳에 머물고 싶어라 꽃구름 한 조각이 복조리 던지듯이 평화 던져주는 소담스런 여기 어디

둘러봐도 옹기종기 아름다운 내 조국 강산 이방인의 긴장이 없어도 좋은 하늘지붕이 낭만으로 내리고 청솔가지 이불이 멋진 이 청기와집 추억이 새록새록 묻어나는 곳 나의 나무 뻗치며 이곳에서 오래 오래 살고 싶어라

천년 향기

신라의 고도
천년의 향기는 이 산야 곳곳
신라왕궁 울타리 안에 깊숙하다
고뇌도 유현한 역사의 사찰 앞에
신혼 단꿈 고운 길에
신라의 혼과 흔적 더듬으며
신비한 역사의 길 걷는다

잠결에도 밟혀오는 천년의 그리움
못잊어 못잊어라
역사의 고찰
불국사 대웅전에 소원을 빌고
그 발걸음마다
조순한 기원이 다보탑과 석가탑 물들인다
석굴암 오름길엔 겸허한 가을이
무념 무상한 천년 향기 뿜을 때
목탁소리 풍경소리가
은은한 환타지아 시나브로 자아낸다

제2부

그대와 나

오늘
그대가 머문 자리에는 흔적이 남습니다
임이 남겨놓은 흔적은
보내고 나면 애틋한 연민이 됩니다
칼바람 몰아치는 생존경쟁 위에 서서
미 48개주를 타국 언어로 구사하며
배달 위해 움직이는 임이시여

시간이 스쳐가듯
그대도 스쳐가고
그대와 나 모진 세월 뚫어갑니다

그대가 떠나가면
또 한 송이 아픈 물망초 되어
그대 올 날 기도로 기다립니다
눈뜨면 속삭이는 희망의 아침과
슬프도록 아름다운 아메리카의 저녁
우리의 청실홍실 인연은
찬란함이 아침 같이 빛나고
저녁놀보다 더 진하게 익어갑니다

나이야가라 폭포

혼절해도 좋으리
나 기어이
이 폭포의 장관이라면
미국 동부
5대호가 펼치는 경이의 물 잔치
저 굉음에 전율되는 영혼
물의 신비는 쌍무지개까지 데려와
황홀한 꿈으로 나 유혹 한다

지구를 억 만 번도 더 회전하며
무한한 가능성에 도전하는
나이야 가라의 가없는 실체여
나이야 가라에서
나이야 가라하고 큰 소리 외치며
찌든 인생 미련 없이 보내버렸다
아 얼마나 행복한가
잠시라도 묵직한 물 덩이의 무게로
내 연륜 산화시킨 폭포의 마술

*나이야가라 : 미동부 5대호의 물줄기. 12000년전 마지막 빙하가 끝날 때 생긴 거대호수. 물이 떨어질 때 굉음은 실로 거대하다.

남매의 정

바쁘게 일터로 나가시며
어머니가 주신 계란 두 알
도시락 반찬 만들 줄도 몰라
그냥 물에 넣어 삶아 건졌네
껍질 벗겨 칼로 썰어보니
뭉텅한 칼끝이라 부서지는 계란
먹고 싶은 맘 가득 이건만
동생 도시락에만 소금 뿌려 넣어 주네
동생이 남겨온 가루가 된 계란
“누나도 맛 좀 봐라”
“너나 먹지”
감격을 숨기고 재빨리 도시락 열어
손가락으로 조심조심 집어 먹네
알밤처럼 은근하고 깨소금보다 고소하여
고마움이 눈동자에 무지개 맺히던
남매의 정으로 나누었던 지상 최고의 맛
평생 잊을 수 없는 눈물의 계란 맛

대학로의 밤

고뇌하는 인생들의 토론장
대학로의 밤은 달과 별을 데리고
하나 둘 피워내는 빛의 소나타
한 잔의 술
한 그릇의 밥은
남루한 생의 서글픈 울분인가
밤은 매일 붉은 각혈 토하며
이 세상에 항거한다
대학로의 밤에 행복이 있을까
자, 건배 건배
건배주 한두 잔에도
밤은 지진처럼 흔들리고
혼돈으로 물든 세상
배반과 유언비어가 난무하는 세상
오늘도 응어리진 애환을
콸콸 쏟아내는 대학로의 밤이여

돌산 갤러리

동서남북이 온통 돌산으로
병풍이 되어있는 캘리포니아
로댕과 피카소의
걸작 같은 작품들이 한데 어우러져
예술 감동이 두레박 퍼 올린다

이민자의 온갖 고뇌 지닌 채
각각의 표정으로 드러누운 표정
오직 하늘 향한 그들의 유일에서
초라한 내 영혼의 돌 찾는다

이마엔 송신 철탑 아프게 꽂은 채
고뇌 가득 담은 로댕의 조각
오른 쪽 귀 밑에 붙어있는 눈과 입
피카소 그림같이 일그러진 내 모습

그러나 눈비비고 다시 보아라
저 돌산 갤러리에 축복 같은 미소
아침이면 어김없이 황금 빛 찾아와
꽃구름 실바람에 환희하는 돌산을

로데오 거리

카나리아 야자나무*가
LA 비버리힐즈 초호화 주택 덮었다
이제 밤 뮤즈 오면 허리우드 스타들은
명품 옷집이 즐비한 쇼윈도우 눈팅하며
샤핑의 여유 즐기겠지
화려한 도시 배경 뒤엔
빈자의 슬픔이 저리도 음영 짙게
가로등 뒤에서 숨어 우는데

무엇이 저들을
부와 빈으로 갈라놓았나
겉포장이 궁전 같은 로데오 거리는
가진 자의 보석 닮은 네온사인이
오늘도 아무 일 없다는 듯
별들의 낭만 같이 반짝거린다

*카나리아 야자나무 : 열대와 아열대에서 분포하고 있으며 목재, 섬유, 녹말, 기름, 술 등 다양한 경제성을 지닌 나무이다. 우리나라에는 제주도에 가로수로 많다.

바람보다 먼저

누가 팔불출이라고 놀려도
억만년 전부터
내 인연인 그대 자랑하리

내가 관절염으로 다리가 아플 때
수건으로 찜질해 주었고
위가 아프다고 찡그리고 있을 때
쌀 씻어 미음 끓여 주던 그대

고독으로 몸서리쳐 헤매도
설렁한 개그로 다가와 웃겨주었고
오랜 시간 컴퓨터 작업으로
근육통 아파올 때도
땀 흘리며 마사지 해주었죠
언제나 상록수 같은 그 마음 있어
내가 언제 어디서 어떤 형편이라도
억만년 전의 내 친구는
바람보다 먼저 뛰어 온다는 것을

보름달

새해가 되면
동녘하늘 물들이며
내 소망 들어주러
선명히 떠오르는 네 모습
새벽 헤치고 먼 길 달려가
아슴푸레하게 너를 향해 빌었던
순박한 나의 염원
매서운 바람 불어오는
새벽 바다 언덕에서
내 간절 귀담아 들어주는
유현한 우주의 신이여

섬의 탄식

탄식이다 침묵하는 돌섬은
망망한 바다 가운데서
인생의 삶 돌섬에 입혀놓고
열두 폭 치맛자락 너울대는 물결
사랑한다는 말도 못 전하고
허무로 떠나보낸 너이기에
뱃사공 삼켜버린 진홍곡도 숨 감춘다
파도에 부친 하얀 사연
서러운 돌섬만이 안다
떠나와도 떠오르는 섬의 비경은
핏빛의 애달픈 탄식이란 것을

소주

소주가 기다린다
삶에 지친 나그네 위해
좋은데이 처음처럼 참이슬 대장부
이슬 톡톡 한라산 시원블루가 나란히
소주의 마음 누가 알리
울분 가득한 인생에게 삼켜져야만 하는
운명 같은 억울을

술은 왜 마시는 가
이 세상 살아내기가
미안하고 미안하여 한잔 술을 마시는가
친구여
소주 안에 녹아 있는 속죄의 초록바다들
가슴 가득 부어 담지 않으리
마시고 또 마셔도 채워지지 않는
그 무량無量한 그리움의 바다를

슬픔이란

지독한 슬픔은
어떻게
울어야 하는지도 모릅니다
화산 물보다 뜨거운
불덩이를
퍼 올리다가 퍼 올리다가
그보다 더한
북극의 얼음덩이를
영혼의 망치로 두들기는 것입니다
쾅 쾅
산산이 깨부수는 것입니다

온천욕에서

그 천년千年의 신비
부산 허심청 온천욕溫泉浴에 몸 담근다
보통 욕 43도에서
최고 욕 44-46도의 뜨끈한 보약 탕
땅 속에서 솟아 나오는 유서 깊은 온천수여
온갖 피부병 낳게 하며
신비神秘의 힐링으로 쌓인 피로 풀어준다

1년에 한두 번 명절이 되면
남매 손 꼭 잡고 찾던 온천욕
어린자식 몸 구석구석 씻어주던
어머니는 가고 없는데
당신의 숨결은 온천 김으로 피어난다
어머니 체온體溫 같은 온수에 몸 담그며
내 인생의 역사歷史 어머니를 더듬는다

플로리다의 광채

안개 속 플로리다
아득한 꿈이 서럽다
이국에서의 밤 바위에는
무지개다리 그냥 서 버린다
기억이 터덕터덕 걷는다
고향 바다가 그리움에 선다

마라토너가 걷던 길
안개비 회 억에 감추어
노스텔지어가 손짓하며 서있던
사방으로 펼쳐진 해안
내 뒤에서 달려오는 바다의 교향시가
너를 더욱 빛나고 눈부시게 해
플로리다의 광채여

제3부

리버사이드 강가

억새들의 사랑 터
리버사이드* 강가
사이좋은 연인의 초상인가
강가에는 애틋한 사랑 기다리듯
잘생긴 소나무 몇 그루 데려와
그럴듯한 가을 풍경 멋있게 자아낸다
못 다한 사랑 시린 가슴으로
아직도
이리 고운 풍경 보듬고 있음에
아슴푸레한 가을 그리움이 로맨틱하게 누워있는
리버사이드 고즈넉한 강가에서

3월의 청춘

3월의 새내기들이 신학기 자축연
서툰 대학생활 맛있게 음미하는 법 익히려고
대학로 우리가게 젊은 열기로 가득한 시간
"마셔라 마셔라 술이 들어간다 쭈욱 쭉 쭉 술이 들어간다"
밥 먹고 술 배우며 지성 꽃 피운다

한번 가면 다시 못 올 시간
돈으로도 살 수 없는 잃어버린 청춘이
학생들 따라 술잔의 눈물 같이 우리 부부 곁에 왔다
신도 축복하는 이 자유로운 젊음의 장소에
대학생들의 박장대소는 꽃잎처럼 술잔 속에 희석되고
모두가 떠난 자리
떠올리기만 해도 내 입가엔 저절로 벙긋 봄 꽃망울 벙근다

학생들아! 오염으로 도배된 세상이지만 너희만은 정화수가 되어라
우리나라 일깨우는 여명이 되어라

과학 예술로 지구에 이름 남기고 평화의 강에 노 저으며 가라

더러는 시인 선생님의 소복한 꿈과 교수님의 지성 보따리도 살며시 풀어보아라

아울러 훌륭한 정치가가 되어 우리나라의 위상을 빛내다오

충. 효. 예를 가슴에 품고

조국을 사랑하고 부모님과 스승님 존경하는 마음

그 가치를 가장 보배롭게 생각해야한다

학생들아 사랑해! 그리고 축복해! 미래의 꿈 향한 풋풋한 새내기여

3월 하늘도 봄꽃 무리 같은 낭만의 청춘에게 응원의 힘찬 박수 보낸다

결혼식에 가요

여보
나는 내일 이웃집 결혼식에 가요
함께 가야 하는데 그래도 괜찮아요
당신과 나는 부부니까요

여보
옷장 다 뒤져도
맘에 드는 옷 아직 찾지 못했어요
당신은 평생 땀 흘렸고
가족들의 옷 사주었는데 말이죠

여보
이 결혼식 꼭 가야해요
우리 딸 결혼식에 와 주었거든요
옷 투정하여 정말 미안해요
나는 가끔 샤핑했지만
옷 보다는 주로 책 사왔죠

여보

오래된 옷이지만 고운 색깔 골라

적당히 레이스와 꽃 만들어 붙었어요

헌옷이지만 새 옷 같은 느낌 주는군요

딸이 아끼던 제법 우아한 모자도 있고요

여보

내일 결혼식 아무 문제 없어요

이만하면 기죽지 않고 아주 준수해요

그러니 걱정 말아요 잘 다녀올게요.

북극곰

또 저무는 한 해 계절이 가면 간다고 아쉽고 계절이 오면 온다고 반갑다 인생무상 속에 주야장천 살아온 나날들 결국 무릎 고장이구나 화살촉 같은 세월아 넌 흘러 어디로 가니 음악 듣고 티비 보고 밥 먹고 차 마셔도 늘 허기진 내 영혼 우수에 젖은 북극곰 한 마리가 무채색의 겨울 대학로를 관절염의 통증 데리고 어슬렁어슬렁 걸어간다.

사진 속 여인

방금
막 현상된 사진 속엔
낯익은 여인이 웃고 있다
아, 누구신가
사진 속의 얼굴은 분명 나인데
허상의 신기루였다면
그랬더라면 차라리
쓰디 쓴 질곡의 그윽함은
분명 어디서 본 듯한 얼굴
옛날은 벌써 가고 없는데
사진 속 옛 친구 같은 여인은
도로 미안한 마음이 되어
잠시
환영 받지 못한 자신 다독이며
연민의 쓴 웃음 웃는다

산동네 이야기

부산 산동네
다닥다닥 붙은 집들 사이의 풍광
꽉 막힌 가슴 탁 트인다
아, 바람 시원한 바람
바다는 크고 작은 배 띄워놓고
이렇게 아름다워도 되는 건지

신의 가슴 같은 무한한 바다
저 푸른 그리움이 끄나풀처럼 당기는데
그리움은 모두의 가슴에 새겨진 멍울이던가

유치환 선생님의 우체통 앞에서 사진 찍고
소망의 계단에 앉아
푸른 바다 편지지 한 조각 떼 내어
그리운 이에게
그리운 사람이 편지를 쓰자

6.25의 상흔 애잔한 인생들을 살갑게 품어준
산동네 이야기도 써야지

산동네는 알거야
수많은 사연 품은 산동네 이야기는
절대 소멸 되지 않는 다는 걸
최초의 사람들이 일구어 낸 붉은 땀방울의 역사
그 핏물 같은 삶의 정신을

아직도 끝나지 않은 유랑

신록이 맘껏 자태 드러낼 때
봄 문학기행 나섰다
역마살 닮은 미국 이민 접어두고
어머니 품 같은 고국에 안겨 3년
진한밤꽃 향 코끝 자극하는
경남 산청의 문학 비단길 순례
내 현존의 의미를 생생하게 재생 시켜준
참 숯 향 베인 삼겹살에 맥주 한잔 크 좋더라
우주 안 이야기를 그림처럼 담아
맑은 대하 흘려보내는 시인의 꿈이 있어
몸은 기행에서 돌아왔어도
영혼 미처 데려오지 못했구나
아직도 끝나지 않은 문학의 실크로드
그 영원한 유랑이여

연정

오늘 먼 길 떠난 나의 님
나는 책 읽고 시한 줄 써봅니다
오늘따라 글 읽히지 않고
임의 얼굴이 떠올립니다
신혼도 아니어서
애틋할 그 무슨 이유도 없건만
왜 이리 살가운 정에 눈물이 나는지요
보이지 않으면 애틋한 마음
만나면 연정 표하렵니다
과연 그리 될지 아직 몰라도
그냥 생각만 간절할 뿐이지요
아
나는 정녕 베풀 줄 몰랐어요
한 평생 님의 사랑 받기만 했으니
이제야 잘못 뉘우칩니다

오월이 오면

빨간 카네이션
부모님 사랑 녹아 피운 꽃
먼 타국에서
어버이날을 어찌 기억했을까
무남독녀 외동딸이
마음 담아 보낸 카네이션 꽃바구니
오월이 오면
은혜 같은 오월이 오면
못 다한 효가 내 가슴 때리는데
불러도 불러도 대답 없는 어머니
빨간 꽃잎 위에 이슬 한 방울
사랑 배인 오월에는 그리움 한 사발
카네이션 향 맡으며 어머니 향한 동공
오, 다정한 향기여
꽃잎에 묻혀오는 오월이 오면

웨스턴 족발집

웨스턴 길 족발집
그 손님들은
담배 피운다고 썰물처럼 빠진다

밤바다 같은 적막
밀물은 다시 밀려와
술 취해 흐느적거린다고 출렁
테이블도 한잔 술에 취하여 출렁

누군가가 그리워 족발과 소주 찾은 날
고향 바다도 술이 고팠나
살그머니 나 따라 왔다

아득한 내 인생
서러운 잔은 썰물에게 건네주고
위로의 잔은 밀물에게서 받아 마신다

웨스턴 족발집은 늘 향수 같은 파도가 출렁이고
더러는 밀물과 썰물이
망향으로 왔다가 망향으로 떠나간다

온타리오 샤핑 몰Ontario Shopping moll

열두 개의 마네킹이
여러 나라 얼굴로 빼곡히 서서
고향의 대가족 연상시키며
각각의 서비스한 웃음으로 손님을 반긴다

그들은 웃는데 나는 왜 고독한가
우리는 헤어짐이 고작일 뿐인데
어머니의 구중궁궐 아늑한 모태
그 자궁을
별똥처럼 떨어져 나온 것이 전부일 뿐인데
공허한 가슴은 늘 마찬 가지지

볕이 잘 들 때 곡식이 익 듯
때맞추어 찾아온 공휴일의 샤핑 찬스
팔려가기 위해서도
사가기 위해서도 모두 바쁜 날

벤치의 유혹에 잠시 앉아본다
검은 연인들의
오래도록 엉켜 있는 키스 보며
쉽게 털어지지 않는 고향 몰의 추회여

질곡의 이삿짐

구슬땀 흩뿌리며 이사하던 날
시인 선생님께서 짐 지켜 주시며
인사의 말씀 던지신다
"두 사람 사는 짐이 왜 이리 많아?"
그래 우리 두 사람
셋도 아닌 두 사람의 짐일 뿐인데
인생의 수많은 고뇌와도 같이
흘러가는 세월 따 먹으며
이삿짐이 불어 났는가
빈 몸으로 왔다가 빈 몸으로 떠날 인생
농부의 땀 흠뻑 배인 속옷 같은
질곡의 이삿짐이여

제4부

할머니의 고무신

바람 우수수 불고 엿가위소리 골목 누빌 때
맷돌 위에 놓여 있던 할머니의 고무신은 엿이 되었다
그 달콤하던 엿은 내 손에서 입에서
하루 종일 방긋거렸다
외출할 때 만 신으시던 오직 할머니의 유일
엿가위소리 골목에서 멀어지고
내 엉덩이 불났다 매는 딱 두 대
염소 똥 같은 눈물이 나 흥건히 적실 때
바늘과 실 가져오신 할머니
훌쩍거리며 바늘귀에 실 끼워 드리니
기운 고무신 신으시고
그래도 손녀보고 귀여운 내 새끼
할머니 용서해요
엿으로 바꿔먹은 할머니의 고무신이
아직도 내 가슴의 통증이 될 줄

돌산 바람

켈리포니아(주)
리버사이드의 돌산 바람이
온 세상을 날릴 듯
토네이도 되어 몸부림친다

밤은 뚜벅뚜벅 걸어오고
여인은 백미러 바라보며
일터에서 돌아올 남편 기다리고

한번 떠나가면 열흘 보름
떠나가면
기다리고
다시 떠나야하는 이민살이

백미러에 고정된
여인의 지친 동공이여
가족이 아니라면
사랑이 없다면
이 엄청난 바람과 맞설 일 없겠지

돌산 바람도 반쯤 뜬 사자 눈으로
강풍에 버티는 여인을
연민으로 보듬는다

부부

바다와 육지사이
인연의 끈이 닿아
꽃향기 피우니 나비들 노닐고
노도 같은 세상 몸으로 떠밀며
의지로 노 저어온 항해
붉은 아침이여
우리가 그대 아는 것 보다
그대가 우리 더 잘 알 테니
별로 초라하지도
화려하지도 않은
수평선 닮은 우리 부부의 초상임을
저녁 해가 져도 우리는 변함없어
언제 어디서라도
바다와 육지는 영원한 명작
여명 떠받히는 수평선 같이
늘 겹쳐져
늘 함께 하리

로즈 힐의 향기

누가 통곡하는 이 없어도
슬픔이 숙연으로 칭칭 감긴 로즈 힐
하얀색과 형형색색의 꽃다발이 비련에 몸 떤다
채 산화되지도 못한 설움
그 응어리마저 생으로 묻어버린 무심한 로즈 힐
이젤 속 미소 회오리치는 영상
하나 둘 사랑이 벗기어 나갈 때
초저녁 별들도 슬픈 술잔 건배한다
사랑과 이별 주검의 허망은 우리들의 장미화
생전에 그대가 들려준 유머에
소리 높여 웃다가 소리 낮춰 운다
아까운 나이 깊은 잠 자장가는 아직 이르지
미망인의 저 소리 낮춘 흐느낌이
싸늘히 식은 영혼 위에 향수처럼 뿌려진다
세상 번민 곱게 단장한 로즈 힐의 안식이여

고인이 살아온 길 이토록 사랑 받이니
고인의 마지막도 이렇게 아름다운 향기인 것을

*로즈 힐: 형형색색 장미꽃 넝쿨로 아름답게 뒤덮인 캘리포니아(주) 언덕 위의 장례식장

상봉

차마 잊힐까 1983년 8월의 통곡을 용광로보다 뜨거웠던 그 여름을 천만 이산가족이 젖고 세계가 젖던 날 종이옷과 종이 모자는 눈물의 피에로 휴전의 나라에서 이산의 피맺힌 깃발 3 · 1 운동 아오리 장터의 함성인가 8 · 15 광복 깃발의 아우성인가 월드컵 붉은 악마들의 응원인가 하늘도 울고 땅도 울었던 그 피멍 반세기동안 울분 토하던 삼팔선아 혈육의 피맺힘으로 이산의 아우성 들리나 세계의 이목 집중시킨 전쟁의 상흔 눈물이 핏물 돼 버린 민족의 대하! 문맹인 옆집 할머니의 딸 찾아 임산부 새댁이란 사실도 잊은 채 여의도 눈물길을 할머니 손 꼭 잡고 몇날 며칠을 걷고 또 걸었네 이 우주 공간에서 이렇게 아픈 해후 또 있을까 여의도 KBS광장의 핏줄의 울부짖음 기적은 끝내 상봉의 두레박 끈으로 이어졌다 아, 부족하고 하찮은 내 인생도 이 세상에서 가장 아름다운 시 한 편 건졌구나 반세기 만에 모녀상봉이란 근사한 시 한편을 오오,

옥스퍼드 길 걷다가

하늘은 눈물 저장고
아픔처럼 터지는 겨울비
꽃잎 앞에서 멈춰버린 내 발걸음
비에 젖어 시무룩한 나팔꽃
외갓집 꽃동산
호기심과 질문의 요람이던 내 유년
나팔꽃에 취해 놀던 잠자리와 나비도
단숨에 잡아버린 어린 날의 유영
먼 이곳까지 수호신 되어 왔는가
일등이라 불리는 이 나라에도 비애와 허망이
내 설움 대신해 실컷 울어라
여명 다시 열릴 때
네 환한 웃음 담아가리니
우연히 옥스퍼드 길 걷다가

솔의 노래

아득한
전설에는 바람이 포개어 진다

단층마다 누워있는
소나무 한 그루 날마다 시가 된다
중년의 소나무는 캠퍼스의 정원 지킨다

그 해 아련한 시절
고향으로 달아나는 그리움 따라
때때로 한 두 개씩
순산의 아픔처럼 솔방울 낳는다

호수가 보이는 소나무 그늘 밭
날마다 부르던 솔 베이지 가락에
향수의 발걸음 따라 함께 떠난다
운명의 이야기가 버틴다

솔의 옛날 포장한 짐 꾸러미
고국으로 가는 배에 올려져

솔방울과 함께 올라 탄다
솔의 기쁜 노래
파도가 된다 물결이 된다

풍랑 만나는 시간도
탈출 신비에 몸 둘둘 감는다

윈슬로우의 황토

이국의 황토
내 고향의 숨결이
애리조나㈜ I-40번 고속도로
윈슬로우 길에 나체로 누워 있구나

공무원에게 시집가라는
어머니 말씀 거부하며
황토로 만든 큰 단지 뒤에 숨던 나
간장 된장 고추장은 관객과 저널리즘

내 어머니가 자식처럼 끌어안고
매일 목욕 시키던 황토 장독들
가마 굽는 불가마에서
빨간 장작불 타오를 때
철없던 처녀는 중년으로 익었구나

어머니 말씀 듣지 않은 회한이
이국의 I-40번 길 황토 단지들이
저 활활 거리는 노을 가마 속에서
다시 한 번 뜨겁게 달구어진다

케이블카의 추회

어느 날인가
헐렁한 로프에 맘 졸이며
아슬아슬하게 경험한 공중서커스
아직도 생생한 공포와 아찔함
그럼에도 유유자적悠悠自適
평화로운 케이블카
서로 밀고 당겨주는 공존의 원리로
정확히 원위치에
다시 안착시키는 기계의 완성
케이블카 공존 법칙은
서로 밀고 당기며
가정 지키려는 가족들의 노력인가
지혜와 열성으로 지어진 하늘 집에
생명 맡기고
허공을 휘저어온 케이블카의 추회여

캘리포니아의 철탑

보라
저 돌산 위에
두 다리 굳건히 세우고
양쪽 팔로
버거운 전선줄 높이 든 용사
눈과 비가 때려도 끄떡없는 투혼
무거운 전선 받쳐 든 철탑의 숭고여
이제
해 지고 밤 오면 전선을 통해
어둡고 후미진 세상 곳곳을
대 낮 같이 환히 밝혀줄 너의 소명
암흑의 무지 깨우는
그 이름은
캘리포니아 철탑

한국인의 정서

의지로 춤추던 팜트리* 옆에
보라의 자키란다* 꽃잎이 흩어질 때
타 도시에서 싣고 온 이삿짐 푼다
한국인의 안식처 로스엔젤레스
어디선가
김치찌개와 된장찌개 냄새 풍긴다
신의 선물 같은 내 고향의 정서
모처럼 스며오는 모국 향기 반갑다
민족의 소화제구나
이것은 LA 속에
유 일무일로 존재하는 산소통이구로나
이미 말라버린 내 목 줄기에
뽀얀 탁주 한 사발로
가시처럼 걸려 있던 고향을 불러낸다

*팜트리, 자키란다 : LA의 가로수

타국 언어

그 창가에 밤이 찾아오면
이방인의 필 수 언어 스페니쉬 외운다
미국의 소도시 리버사이드
멕시코인 고객으로 아동복가게 오픈할 때

하나 (우노 1. Uno)
둘 (도스 2. Dos)
셋 (뜨레세 3. Tres)
넷 (꾸아뜨로 4. Cuatro)
다섯 (씽꼬 5. Cinco)을 외우고 또 외운다

안녕하세요? (꼬모에스따? Como esta?)
안녕! (올라! Hola!)
얼마입니까? (꾸완또 꾸에스따? Cuanto cuesto?)
감사합니다! (그라시아스! Gracias!)
안녕히가세요! (아디오스! Adios!) 하며

타국 삶 도전으로
내 인생의 한 페이지 써내려갈 때

샛길로 거침없이 찾아 온 언어
허망한 꿈속에서도
아, 영어 아, 스페니쉬
이미 녹슬어버린 내 영혼의 기억 밭에
신비로운 씨 뿌리는 타국 언어여

할로윈데이Halloween day

보라
호박 등불 든
미국 아이들의 행렬을
죽어간 영령들의
위로를 대표하는 축제
공포스런 가면과
죽음의 옷 입고
고대 켈트족을 기리는 유래여

네가 건네는 한주먹의 사탕으로
나의 액운
저 멀리 날릴 수 있을까

동지팥죽 끓여서
모퉁이마다 뿌려대며
잡귀와 액운 쫓는다는
우리네 풍습처럼
생의 누추 벗겨내고
삶의 활기 더해주는

할로윈데이여*

*할로윈데이: 미국 전역에서 매년 10월 31일 유령이나 괴물 분장을 하고 즐기는 축제. 크리스마스보다도 더 큰 축제이다

제5부

오직 그 흔적

꽃은
피우기 위해서 지는 것이 아니다
피웠으므로 진다

인생도
살기 위해서 죽는 것이 아니고
살아 있음으로 죽는다

우주 만물 가운데 영원한 것은 없다
한번 태어나면 언젠가는 사라진다

오직 그 흔적만 남겨질 뿐

그리운 고단봉

형형색색形形色色
배낭에 일상을 담아
금정산 돌 밟으며 올라서는 그 곳

고단봉 가는 길
하늘 청명하고 산도 푸르다
투박한 바위에 자존심 내려놓고
고단봉에 올라서면
아직도 못 다한 사랑 고백하리라

금정산
고단봉의 신비스런 영묘는
자연 수놓는 내 문학의 산실

인생 같이 가파른 산
숨 모아 올라서니
명산 속에 우뚝 솟은 그리운 고단봉

향수

가을 따끈한 햇살이 황금 들녘에서 마지막 입맞춤 퍼붓는 저곳에서 내 남루한 향수 옷이 허수아비 되어 흔들거린다 어서어서 통일이 되어라 세상일 관심 없어 초속한 가슴 밖에 남은 게 없는데 시간은 물같이 흐르고 청춘도 지나간다 해와 달, 별들 바람과 새들의 자유로운 비상이 부럽기만 하다 내 선조 할아버지들은 학문이 깊고 덕망이 높아 후진교육에 힘써 12공로의 하나인 광헌공도를 남기셨다 황해도가 고향이시고 과거에 급제하여 문과와 병과를 통과하여 27분께서 나라의 요직을 두루 거치셨다 나 또한 황해도 장연 노씨라는 사실이 뿌듯하다 이산된 가족들을 생각하면 가슴이 저리도록 아파온다 빛바랜 향수를 바람 부는 언덕에서 소원처럼 날린다

이웃나라 국민들

선진국의 위상은
선진국 국민들이 꽃피운다
누구에게나 친절한 미소
이웃에겐
결코 폐 끼치지 않는 몸가짐과 언어
검소한 생활로
포만을 멀리하며 음식 먹는 습관
한 치의 부끄럼 없이
작은 자동차 소유하기
철통같은 조국 수호와
거짓 없이 내는 세금
해외여행 자제하고 외화낭비 줄이며
물 한 방울
기름 한 방울도
아끼고 또 아끼는 이웃나라 국민들이여

인생 지퍼

한 때 고장 났던 내 인생 지퍼
배우자와 성격 차이
자녀마저 반항 깃발 흔들 때
난 이혼 지퍼 떠 올렸다
그 터널 속에서 지퍼에 양초 바르고
한 순간 나 비워내니 내 존재 없었다
두 줄의 완성
긴 시간 함께 달려 온 이유에는
어떤 의지가 힘이 될까
서로의 마음 가지런히 모아
가족위해 달리는 마라톤
인생 지퍼의 톱니바퀴
잠시 어느 쪽이라도 고장 나면
오직 두 사람
그 영혼의 지혜만이 고칠 수 밖에

일본 풍경

일본의 한 쪽 모퉁이
전통가옥과 낯선 간판이 아니라면
쑥과 민들레가 지천인 것이
우리나라 들판과 다를 게 없구나

바닷물이 운하로 흐르는 항만도시
그 언덕에
조금은 낭만적인 하우스 템보스역에서
3등 기차쯤 되 보이는 열차 타고
나가사키현 사세보 살핀다

3개국 바람이 부는 이 곳
미군 가족인 딸램이가 살고 있는
하리오 하우징
그 베란다에서 시가지 바라본다

저 들판에 봄이 찾아오면
꽃잎들에게 나는 이렇게 말하리
언제까지 역사만 탓하기엔

우리는 너무 짧은 인생이라고

지나간 날은
지워지지 않는 성벽으로 남는데
간간히 보이는 한글 보며
목이 긴 철새들의 애달픈 울음소리

평화의 꽃은 누가 피우는가
그 꽃이 만개 하는 날
여기 강 언덕 철새들의 화해 날갯짓
힘차게 비상하련만

일본 풍경 바라보며
잠시 어떤 명제의 심연에 빠진다

정자 이모

하얀 저고리 검정치마
유관순 언니 닮은 처녀
그녀의 핸드백은 언제나 시집 한 권

날마다 신문에서 연재소설과 시를
가위로 오려내어 책을 꿰던 문학처녀
호롱불에 글 읽으며
문학 허기 채우던 정자이모

가난이 아프게 목 졸라도
산화 되지 않은 문학의 불씨
문학이란 기타 줄에
음률처럼 시를 읊던 정자이모

삶 위한 행군으로
문학의 장막 내린 날 하늘도 진혼곡鎭魂曲
날마다 방직공장에서
밤 새워 실 감고 비단을 짜며
가족들의 가장이 되었던 아픈 삶

정자이모의 문학을 방해했던
염치없는 삶
아아,
그 몹쓸 삶

작은 아씨들

노란 꽃송이들이
봄바람 타고와 산과 들 물들인다
방긋방긋 봄의 향연 펼친다가
햇살 부서지는 양지에서
아직 다 말리지 못한 내 인생 보며
누구나 그렇게 젖어 있다고
누구나 그렇게 아파한다며

금빛 은빛 꽃잎들은
죽을 만큼 아프다가 눈감을 때도
끝끝내
귀한 생명 잉태시키는 성결聖潔의 요정
모진겨울 이겨낸 어지르진 들녘에
생명의 무량함을 뿌려주며
인간의 애상哀想을 위로하고자 하는
앙증스러운 꽃송이들
봄날의 작은 아씨 민들레라네

종로의 밤

그 날 종로는 꽃이었다
내 그리움의 꽃
은빛 LA를 떠난 금빛 고국의 환영
2시간 30분 초 고속열차
미끄럼 같은 KTX 안락에 몸 싣고
초록 들판도 길 비켜준다

잠시 해후의 꽃망울 터진다
사랑 예술 문학의 들판에서
토해내던 선홍은 애원이 아니면 무어일까

파도처럼 울어대던 임들의 노래
아직도 빈 가슴에 남아있는 공허
그 시간 토해내던 지성의 꿈이여
2011년 8월 9일 서울시 낭송회의
끈끈한 순정들이 아파 울던 몸부림
오, 잊지 못할 종로의 밤이여

지리산 계곡물

돌 틈 비집고
가장 독창적인 음률로
지리산 계곡물 흘러간다

고운 여인들의 등목 소리가
소곤소곤 들려올 것 같은
산수화 닮은 골짜기여

물결에 닳고 닳아
원으로 바뀐 바위들이
누가 그리도 그리운지
오늘도 하늘 향해 누워있다

지리산 산청마을
내원사자락 맑은 물은
삶의 이야기가 애원처럼 흐른다

계곡물은 콸콸 돌과 돌 사이로
도저히 만날 수 없는 그 사람에게

내 소식 전달하러 간다
쉼 없이 하염없이

주유소의 새들

주유소의 새 두 마리
땅에 떨어진 빵은 한 조각
한 치도 양보 없는 싸움 한다
왜 이토록 치열한 건지
왜 이토록 한 치 양보 없는 건지
사람에게 배워버린 생존 경쟁을

백년도 살아내기 힘든 인생
어느 순간 정열이 시들해지면
희미하게 꺼져 갈 등불이건만
도처에 너부러진 삶의 이기에
물들기 전에 때 묻기 전에

새들아 가라
숲으로 가라
숲에선 아름다운 노래만 부를 텐데
저마다
개성 있는 목소리만 뽐낼 텐데

해무

불현 듯
해운대 바다에 찾아와서
창살 없는 통한의 이별 서러워
포옹처럼 달맞이 언덕 휘감으며
춤사위 펼치다가 순식간에 사라진다

남과 북의 갈망
이산의 아픔덩이 하얗게 풀어놓고
훠이훠이 소원 비는 너를 어쩌면 좋을까

나도 너처럼
너도 나처럼
통일의 염원 토할 길 없어

윤슬의 바다 위에 명주비단 한 필 끌며
한 걸음 두 걸음
애달픈 민족 마음 간절하게 춤추어 보인
해운대 해무여라